DE LA ROCHEFOUCAULD.
N. Monsiau delin.
Aug. S.t Aubin sculp.
B.R

NOTICE

SUR

LA PERSONNE

ET LES ÉCRITS

DE

LA ROCHEFOUCAULD.

A PARIS,

DE L'IMPRIMERIE DE MONSIEUR.

M. DCC. LXXXII.

NOTICE

Sur le Caractère et les Ecrits du Duc de la Rochefoucauld.

F RANÇOIS Duc de la Rochefoucauld, auteur des *Réflexions morales*, naquit en 1613.

Son éducation fut négligée, mais la nature suppléa à l'instruction.

Il avoit, dit Madame de Maintenon, *une physionomie heureuse, l'air grand, beaucoup d'esprit et peu de savoir.*

Le moment où il entra dans le monde étoit un temps de crise

pour les mœurs nationales : la puissance des Grands, abaissée et contenue par l'administration despotique et vigoureuse du Cardinal de Richelieu, cherchoit encore à lutter contre l'autorité ; mais à l'esprit de faction on avoit substitué l'esprit d'intrigue.

L'intrigue n'étoit pas alors ce qu'elle est aujourd'hui : elle tenoit à des mœurs plus fortes, et s'exerçoit sur des objets plus importans. On l'employoit à se rendre nécessaire ou redoutable ; aujourd'hui elle se borne à flatter et à plaire. Elle donnoit de l'activité à l'esprit, au courage, aux talens, aux vertus même ; elle n'exige aujourd'hui que de la souplesse et de la

patience. Son but avoit quelque
chose de noble et d'imposant,
c'étoit la domination et la puissance; aujourd'hui, petite dans ses
vues comme dans ses moyens, la
vanité et la fortune en sont le mobile et le terme. Elle tendoit à
unir les hommes; aujourd'hui elle
les isole. Plus dangereuſe alors,
elle embarrassoit l'administration
et arrêtoit les progrès d'un bon
gouvernement; aujourd'hui, favorable à l'autorité, elle ne fait que
rapetisser les ames et avilir les
mœurs. Alors, comme aujour-
d'hui, les femmes en étoient les
principaux instrumens; mais l'a-
mour, ou ce qu'on honoroit de
ce nom, avoit une ſorte d'éclat

qui en impose encore, et s'ano-
blissoit un peu en se mêlant aux
grands intérêts de l'ambition ; au
lieu que la galanterie de nos jours,
dégradée elle-même par les petits
intérêts auxquels elle s'associe,
dégrade et l'ambition et les ambitieux.

L'esprit de faction se ranima à
la mort de Richelieu. La minorité
de Louis XIV parut aux Grands
un moment favorable pour re-
prendre quelque influence sur les
affaires. M. de la Rochefoucauld
fut entraîné par le mouvement gé-
néral ; et des intérêts de galanterie concoururent à l'engager dans
la guerre de la Fronde : guerre ri-
dicule, parce qu'elle se faisoit sans

objet, sans plan et sans chef, et qu'elle n'avoit pour mobile que l'inquiétude de quelques hommes plus intrigans qu'ambitieux, fatigués seulement de l'inaction et de l'obéissance.

Il étoit alors l'amant de la Duchesse de Longueville. On sait qu'ayant été blessé au combat de Saint-Antoine d'un coup de mousquet, qui lui fit perdre quelque temps la vue, il s'appliqua ces deux vers connus de la tragédie d'*Alcyonée* de Duryer :

Pour mériter son cœur, pour plaire à
    ses beaux yeux,
J'ai fait la guerre aux Rois ; je l'aurois
    faite aux Dieux.

Lorsqu'il se brouilla ensuite avec

Madame de Longueville, il paro-
dia ainsi ces vers :

Pour ce cœur inconstant, qu'enfin je
        connois mieux,
J'ai fait la guerre aux Rois ; j'en ai perdu
        les yeux.

On voit par la vie du Duc de la
Rochefoucauld, qu'il s'engageoit
aisément dans une intrigue ; mais
que bientôt il montroit, pour en
sortir, autant d'impatience qu'il en
avoit mis à y entrer. C'est ce que
lui reproche le Cardinal de Retz,
et ce qu'il attribue à une irrésolu-
tion naturelle qu'il ne sait comment expliquer.

Il est aisé, ce me semble, de
trouver dans le caractère de M. de

la Rochefoucauld une cause plus vraisemblable de cette conduite. Avec sa douceur naturelle, sa facilité de mœurs, son goût pour la galanterie, il lui étoit difficile de ne pas entrer dans quelque parti, au milieu d'une Cour où tout étoit parti, et où l'on ne pouvoit rester neutre sans être au moins accusé de foiblesse. Mais avec cette raison supérieure, cette probité sévère, cet esprit juste, conciliant et observateur, que ses contemporains ont reconnus en lui, comment eût-il pu s'accommoder long-temps de ces intrigues, où le bien public n'étoit tout au plus qu'un prétexte; où chaque individu ne portoit que ses passions

et ses vues particulières, sans au-
cun but d'utilité générale ; où les
affaires les plus graves se traitoient
sans décence et sans principes ; où
les plus grands intérêts étoient
sans cesse sacrifiés aux plus petits
motifs ; qui étoient enfin le scan-
dale de la raison comme du gouvernement ?

L'esprit de parti tient à la nature des Gouvernemens libres ; il
peut s'y concilier avec la vertu et
le véritable patriotisme. Dans une
Monarchie, il ne peut être suscité
que par un sentiment d'indépen-
dance ou par des vues d'ambition
personnelle, également incompa-
tibles avec un bon gouvernement;
il y corrompt le germe de toutes

les

les vertus, quoiqu'il puisse y mettre en activité des qualités brillantes qui ressemblent à des vertus.

C'est ce que M. de la Rochefoucauld ne pouvoit manquer de sentir. Ainsi, quoiqu'il eût été une partie de sa vie engagé dans des intrigues de parti, où sa facilité et ses liaisons sembloient l'entretenir malgré lui, on voit que son caractère le ramenoit à la vie privée, où il se fixa enfin, et où il sut jouir des charmes de l'amitié et des plaisirs de l'esprit.

On connoît la tendre amitié qui l'unit jusqu'à la fin de sa vie avec Madame de la Fayette. Les lettres de Madame de Sévigné nous apprennent que sa maison étoit le rendez-vous de ce qu'il y avoit de plus distingué à la cour et à la ville, par le nom, l'esprit, les talens et la politesse. C'est au milieu de cette société choisie qu'il compofa ses *Mémoires* & ses *Réflexions morales.*

Ses Mémoires sont écrits avec une élégance noble et un grand air de sincérité ; mais les événemens qui en font le sujet ont beaucoup perdu de l'intérêt qu'ils avoient alors. Bayle va trop loin, sans doute, en donnant la préférence à ces Mémoires sur les *Commentaires* de César (*a*) ; la postérité en a jugé autrement. Nous

____

(*a*) Diƈt. çrit. *art.* CÉSAR.

nous en tiendrons à ce mot de
M. de Voltaire, dans la notice des
Ecrivains du siècle de Louis XIV:
Les Mémoires du Duc de la Roche-
foucauld sont lus, & l'on sait par
cœur ses Pensées. C'eſt en effet le
livre des *Pensées* qui a fait la réputation de M. de la Rochefoucauld. Nous ne le louerons qu'en
citant encore M. de Voltaire ;
quels éloges pourroient avoir plus
de grâce et d'autorité ! « Un des
» ouvrages, dit (*a*) ce grand hom-
» me, qui contribuèrent le plus à
» former le goût de la Nation, et
» à lui donner un esprit de justesse

(*a*) Siècle de Louis XIV, *ch.* XXXII,
des Beaux Arts.

» et de précision , fut le recueil
» des *Maximes de François Duc de*
» *la Rochefoucauld.* Quoiqu'il n'y
» ait presque qu'une vérité dans
» ce livre , qui est que l'*amour-*
» *propre est le mobile de tout* , ce-
» pendant cette pensée se pré-
» sente sous tant d'aspects variés ,
» qu'elle est presque toujours pi-
» quante : c'est moins un livre que
» des matériaux pour orner un li-
» vre. On lut avidement ce petit
» recueil : il accoutuma à penser
» et à renfermer ses pensées dans
» un tour vif , précis et délicat.
» C'étoit un mérite que personne
» n'avoit eu avant lui en Europe
» depuis la renaissance des Let-
» tres. » Cet Ouvrage parut d'a-

bord anonyme : il excita une grande curiosité : on le lut avec avidité, et on l'attaqua avec acharnement. On l'a réimprimé souvent, et on l'a traduit dans toutes les langues : il a fait faire beaucoup d'autres livres ; par-tout enfin, et dans tous les temps, il a trouvé des admirateurs et des censeurs. C'est-là, ce me semble, le sceau du plus grand succès pour les productions de l'esprit humain.

On a accufé M. de la Rochefoucauld de calomnier la nature humaine : le Cardinal de Retz lui-même lui reproche de ne pas croire assez à la vertu. Cette imputation peut avoir quelque fondement ; mais il nous semble qu'on l'a poussée trop loin.

M. de la Rochefoucauld a peint les hommes comme il les a vus. C'est dans les temps de faction et d'intrigues politiques qu'on a plus d'occasions de connoître les hommes, et plus de motifs pour les observer : c'est dans ce jeu continuel de toutes les passions humaines que les caractères se développent, que les foiblesses échappent, que l'hypocrisie se trahit, que l'intérêt personnel se mêle à tout, gouverne et corrompt tout.

En regardant l'amour-propre comme le mobile de toutes les actions, M. de la Rochefoucauld ne prétendoit pas énoncer un axiome rigoureux de métaphysique. Il n'exprime qu'une vérité d'observation, assez générale pour être présentée sous cette forme absolue et tranchante, qui convient à des pensées détachées, et qu'on emploie tous les jours dans la conversation et dans les livres, en généralisant des observations particulières.

Il n'appartenoit qu'à un homme d'une réputation bien pure et bien reconnue, d'oser flétrir ainsi le principe de toutes les actions humaines. Mais il donnoit l'exemple de toutes les vertus dont il paroissoit contester même l'existence. Il sembloit réduire l'amitié à un échange de bons offices, et jamais il n'y eut d'ami plus tendre, plus fidèle, plus désintéressé. *La bravoure personnelle*, dit Madame de Maintenon, *lui paroissoit une folie, et à peine s'en cachoit-il; il étoit cependant fort brave.* Il donna des preuves de la plus grande valeur au siège de Bordeaux, et au combat de Saint-Antoine.

Sa vieillesse fut éprouvée par les douleurs les plus cruelles de l'ame et du corps. Il montra dans les unes la sensibilité la plus touchante, et dans les autres une fermeté extraordinaire. Son courage ne l'abandonna jamais que dans la perte des personnes qui lui étoient chères. Un de ses fils fut tué au passage du Rhin, & l'autre y fut blessé. « J'ai vu, dit Madame de » Sévigné, son cœur à découvert » dans cette cruelle aventure; il

» est au premier rang de tout ce
» que je connois de courage, de
» mérite, de tendresse et de rai-
» son : je compte pour rien son
» esprit et ses agrémens. »

La goutte le tourmenta pendant les dernières années de sa
vie, et le fit périr dans des douleurs intolérables. Madame de
Sévigné, qu'on ne peut se lasser
de relire et de citer, peint d'une
manière touchante les derniers
momens de cet homme célèbre.
» Son état, dit-elle, est une chose
» digne d'admiration. Il est fort
» bien disposé pour sa conscien-
» ce : voilà qui est fait; mais du
» reste, c'est la maladie et la mort
» de son voisin dont il est ques-

» tion ; il n'en est pas effleuré....
» Ce n'est pas inutilement qu'il a
» fait des réflexions toute sa vie ;
» il s'est approché de telle sorte
» aux derniers momens , qu'ils
» n'ont rien de nouveau ni d'é-
» trange pour lui. »

Il mourut en 1680 , laissant une famille désolée et des amis inconsolables.

Il avoit reçu de ses ancêtres un nom illustre ; il l'a transmis avec un nouvel éclat à des descendans dignes d'en accroître l'honneur. Il y a des qualités héréditaires dans certaines familles. Le goût des lettres semble s'être perpétué dans la Maison de la Rochefoucauld, avec toutes les vertus des mœurs anciennes, unies à celles des temps plus éclairés.

Charles-Quint, à son voyage en France, fut reçu, en 1539, dans le château de Verteuil, par l'aïeule du Duc de la Rochefoucauld. En quittant ce château, l'Empereur déclara, suivant les paroles d'un Historien contemporain, *n'avoir jamais entré en maison qui mieux sentît sa grande vertu, honnêteté et seigneurie que celle-là*. Un successeur de Charles-Quint auroit pu faire la même observation chez les descendans de l'Auteur des *Maximes*.

Si la véritable grandeur de la Noblesse consistoit à donner à tous les citoyens l'exemple du pa-

triotisme; à joindre la simplicité à
la dignité dans les mœurs; à ne
faire usage du crédit, de la fortune,
de l'autorité même que donne la
vertu, que pour faire le bien, l'en-
courager et le défendre; à hono-
rer le mérite dans tous les genres
et à le servir avec zèle; à ne solli-
citer les honneurs que par les ser-
vices et les talens; à vivre dans
ses Terres pour y exciter le tra-
vail et l'industrie, pour protéger
ses vassaux contre les vexations,
pour les secourir contre le mal-
heur et l'indigence, les Grands
vraiment dignes de ce nom se-
roient fort rares sans doute; mais
nous pourrions encore en offrir
des modèles.

F I N